FAMILIE KÖSTLICH

ein Kochbuch
des FaNeWa
mit Rezepten von
Die Löffelfee

FaNeWa
& Familienteam

EIN ANGEBOT VON

aladin
Wir helfen Kindern

„Familie Köstlich“ ist ein Kochbuch für die ganze Familie.

Liebe Familien, liebe Kochfreund:innen,

egal, wie alt ihr seid und wieviel Erfahrung ihr beim Kochen habt – unsere Rezepte treffen jeden Geschmack, gehen schnell und können von jedem zubereitet werden.

In unserem Familiennetzwerk Wandsbek (FaNeWa) arbeiten wir seit 2010 mit jungen Familien. Dabei bietet FaNeWa Beratung und Begleitung in allen Fragen rund um die Themen Schwangerschaft, Baby, Heranwachsen und Erziehung. Das Angebot richtet sich speziell an Schwangere und Eltern mit Kindern bis zum Alter von 3 Jahren aus den Stadtteilen Wandsbek Kern, Eilbek, Marienthal und Tonndorf.

Zu den Angeboten gehört seit einigen Jahren auch das gemeinsame Kochen. Durch *DieLöffelfee* Daggi (Dagmar Melzer) entstanden hier tolle Gerichte, die wir gerne weitergeben möchten.

DieLöffelfee nutzt am liebsten gute, einheimische Zutaten. Ihr Lieblingssatz ist „Esst Kerne!“. Kerne haben wichtige Nährstoffe und sind gut für die Verdauung.

Sie sagt auch immer: „Kümmere Dich gut um Dich, damit Du Dich gut um Dein Baby kümmern kannst. Versorge Dich mit gesunden Köstlichkeiten, die Dir richtig gut schmecken und die Dir gut tun. Dann geht es auch Deinem Baby gut.“

Wir achten darauf, dass unsere Lebensmittel in die Jahreszeit passen. Alle Rezepte bestehen aus vollwertigen und fleischlosen Lebensmitteln.

INHALT

Nudeln mit Tomatensoße

Möhren-Kartoffel-Eintopf

Kartoffelecken mit Hummus-Sauce

Rote Linsen-Dal mit Reis

FRÜHLING

Nudeln mit Tomatensoße

Zutaten (für 3 – 4 Personen)

500 g	**Vollkornnudeln**
400 g	**Tomaten** (Dose oder 1 kg frische Tomaten enthäutet)
1	**Zwiebel**
3	**Knoblauchzehen**
½ Tube	**Tomatenmark**
	Ggf. etwas Wasser
1 EL	**Oregano** (getrocknet)
1	**Lorbeerblatt**
1 EL	**Balsamico-Essig** (oder anderen Essig)
1 Prise	**Zucker** (oder andere Süßungsmittel: Agavendicksaft, Honig)
80 g	**Parmesan** (oder anderen Käse)
4 EL	**Olivenöl** (oder anderes Pflanzenöl)
½ Bund	**Basilikum-Bund** (oder andere Kräuter: Petersilie, Bärlauch, Kresse etc.)

Die Löffelfee empfiehlt:

Gute Ergänzung zum täglichen Speiseplan sind geröstete Kerne.

Wer sich vegetarisch/vegan ernährt kann als Eiweißergänzung Linsen (Rote Linsen, Belugalinsen etc.) zur Sauce geben.

Zubereitung

1. Vollkornnudeln nach Packungsanleitung kochen.
2. Zwiebeln schälen und in grobe Würfel schneiden.
3. Knoblauchzehen in dünne Scheiben schneiden.
4. Olivenöl leicht erhitzen. Zwiebeln und Knoblauch darin 10 Minuten bei geringer Hitze goldgelb rösten.
5. Tomatenmark, Lorbeerblatt und Oregano zufügen und kurz mit anrösten.
6. Tomaten zufügen und aufkochen lassen. Hitze reduzieren und Soße zugedeckt ca. 30 Minuten köcheln.
7. Gegebenenfalls etwas Wasser hinzufügen.
8. Mit Balsamicoessig, Pfeffer, Zucker und Salz abschmecken.
9. Parmesan oder anderen Käse reiben.
10. Alles anrichten und servieren!

Möhren-Kartoffel-Eintopf

Zutaten (für 3 – 4 Personen)

500 g	**Kartoffeln** (mehlig kochend)
600 g	**Möhren**
300 g	**Wurzelgemüse** (Möhre, Pastinake, Sellerie)
1	**Zwiebel**
3	**Knoblauchzehen**
2–3	**Lorbeerblätter**
5–6 EL	**Öl** (nach Geschmack, z. B. Rapsöl)
5	**Thymian-Zweige** (Blätter gegen die Wachsrichtung abstreifen)
	Salz, Pfeffer, Zitrone
1 l	**Wasser**

Die Löffelfee empfiehlt:

In einer Pfanne 2–3 El Öl erhitzen und Räuchertofu-Würfelchen kross anbraten. Leicht salzen. Suppe mit dem Tofu bestreuen.

Geröstete Kerne (Sonnenblumen-, Kürbis-) passen sehr gut als Knusperanteil.

Dazu gern Dinkelbaguette essen.

Zubereitung

1. Kartoffeln waschen und in daumengroße Würfel schneiden.
2. Möhren, Wurzelgemüse, Zwiebeln und Knoblauch schälen und in Stücke schneiden.
3. In einem Topf 2–3 EL des Öls erhitzen und die Gemüsewürfel mit der Zwiebel und dem Knoblauch bei kleiner Hitze 10 Minuten anrösten.
4. Danach Möhren, Kartoffeln, Wasser und Lorbeerblätter zufügen und 15 Minuten köcheln lassen.
5. Mit Pfeffer, Salz und einem Spritzer Zitronensaft würzen und abschmecken.
6. Wer einen Kartoffelstampfer besitzt, kann die Suppe noch leicht stampfen, dann wird sie dickflüssiger.

Kartoffelecken mit Hummus-Sauce

Zutaten (für 3 – 4 Personen)

1 kg	**Kartoffeln**
1 Dose	**Kichererbsen** (1 EL Kichererbsen zum Garnieren aufbewahren, etwas Kichererbsenwasser zurückhalten zum „Verdünnen“ der Creme verwenden)
200 g	**Joghurt**
1 EL	**Zitronensaft**
3 EL	**Olivenöl**
2 EL	**Tahini** (Sesampaste)
½ TL	**Kreuzkümmel**
	Paprika, Cayennepfeffer, Pfeffer, Salz

Die Löffelfee empfiehlt:

Ein frischer, gemischter Salat oder Chinakohlsalat passen gut zu diesem Essen.

Kartoffeln vorher kochen (ca. 15 min.) und im Backofen auf Grillstufe knusprig backen.

Zum Hummus klein gehackten Bärlauch, andere Kräuter oder Rote Bete mit einarbeiten – Hmmmm und tolle Farbe.

Zubereitung

1. Backofen auf 180 °C vorheizen.
2. Kartoffeln waschen und in 2 cm dicke Spalten schneiden. Die Kartoffelspalten mit Küchenpapier trocken tupfen und mit 1 EL Öl bestreichen
3. Backpapier auf ein Backblech legen. Die eingeölten Kartoffelspalten darauf verteilen.
4. Die Kartoffelspalten salzen und in den Backofen schieben. Nach ca. 40–50 Minuten testen, ob die Kartoffelspalten gar sind.
5. Kichererbsen mit einem Teil des Kichererbsenwassers in einen Mixbecher geben und grob zerkleinern.
6. Joghurt, Zitronensaft, Tahini, Kreuzkümmel, Salz, Pfeffer und Paprikapulver dazugeben. Jetzt mixen, bis eine cremige Masse entsteht.
7. Zuletzt Öl dazugeben und nur kurz unterrühren (kurz deshalb, weil das Olivenöl sonst bitter wird).
8. Hummus in Schälchen füllen und mit den restlichen Kichererbsen und Chiliflocken garnieren. Nach Geschmack noch etwas Olivenöl darüber träufeln.

Rote Linsen-Dal mit Reis

Zutaten (für 3 – 4 Personen)

250 g	**Rote Linsen**
100 g	**Reis** (am besten Vollkornreis)
800 ml	**Wasser** (ggf. Gemüsebrühe)
1	**Fenchel** (Knolle)
1	**Zwiebel**
2–3	**Knoblauchzehen**
1–2 cm	**Ingwerwurzel**
1–2 EL	**Tomatenmark**
½–1	**Zitrone (**Abrieb und Saft)
2 TL	**Curry-Pulver** (mild)
	Salz, Pfeffer

Die Löffelfee empfiehlt:

Wer genug Zeit hat, sollte Reis und Linsen zuvor in kaltem Wasser ca. 1/2–8 Stunden einweichen. Das ist gut für die Verdauung.

Eine besondere, orientalische Note bekommt das Dal, wenn man einen Teil der Flüssigkeit durch 1 Dose Kokosmilch ersetzt.

Zubereitung

1. Den Fenchel der Länge nach halbieren, Kern rausschneiden und den Fenchel in kleine Würfel schneiden.
2. Die Zwiebel und den Knoblauch in Würfel schneiden.
3. Die Ingwerwurzel mit einem Löffel schälen und in feine Würfel schneiden.
4. Öl in einem Topf erhitzen, Zwiebel, Ingwerwürfel, Knoblauch und Fenchel bei kleiner Hitze 10 Minuten anschwitzen.
5. Curry-Pulver und Tomatenmark zufügen und kurz mit anschwitzen.
6. Linsen und Reis hinzufügen und mit Wasser ablöschen.
7. Je nach Reis-Sorte 15–40 Minuten köcheln lassen, bis der Reis gar ist.
8. Mit Pfeffer, Zitrone nebst Abrieb und Salz abschmecken.

Kräuterquark mit Kartoffeln

Zucchini-Puffer

Schmorgurken-Topf

Kartoffelsalat mit Rapsöldressing

SOMMER

Kräuterquark mit Kartoffeln

Zutaten (für 3 – 4 Personen)

500 g **Magerquark**
3–5 EL **Pflanzenöl** (Rapsöl, Traubenkernöl, Kürbiskernöl, Leinöl, Olivenöl)
1 **Kräuter-Bund** (nach Belieben: Kresse, Schnittlauch, Petersilie, Rosmarin, Thymian etc.)
700 g **Kartoffeln**
2 EL **Pflanzenöl** (Rapsöl, Traubenkernöl, Kürbiskernöl, Leinöl, Olivenöl)
Pfeffer, Salz

Die Löffelfee empfiehlt:

Wer keine frischen Kräuter bekommt, kann auch getrocknete Kräuter verwenden.

Saisonal kann man auch geraspelte Gurke, Radieschen, Zucchini etc. zufügen.

Lecker auch zu frischem Baguette.

Zubereitung

1. Kartoffeln in einem großen Topf weich kochen.
2. In einen Mixbecher Magerquark und Öl ca. 1 Minute vermischen. Dadurch wird der Quark schön cremig.
3. Kräuter hacken, zum Quark geben und mit Pfeffer und Salz abschmecken.
4. Gekochte Kartoffeln einfach zum Quark essen.

ODER

1. Kartoffeln der Länge nach vierteln, mit einem Pinsel einölen und hinterher salzen.
2. Kartoffeln auf ein Backblech legen (Backpapier nicht vergessen) und im Backofengrill bräunen.
3. Kartoffeln zum Quark servieren.

Zucchini-Puffer

Zutaten (für 3 – 4 Personen)

500 g	**Zucchini**
Je 1 TL	**Salz** und **Zucker**
2–3	**Eier**
2	**Frühlingszwiebeln** (oder eine fein geschnittene Zwiebel)
3 EL	**Speisestärke** (gehäuft)
1 TL	**Thymian** getrocknet (wahlweise andere Kräuter getrocknet oder frisch, z.B. Petersilie, Schnittlauch, Rosmarin, Oregano)
9 EL	**Öl** (nach Geschmack, z.B. Rapsöl, Olivenöl, Traubenkernöl)
1	**Zitrone** (Abrieb und Saft)

Die Löffelfee empfiehlt:

Sehr würzig wird die Masse, wenn man zur Ei-Mischung 80 g geriebenen Käse (z.B. Bergkäse, Emmentaler, Gouda, Feta) gibt.

Wie immer: geröstete Sonnenblumenkerne mit zur Ei-Mischung geben.

Gut geeignet für ein Picknick..

Zubereitung

1. Zucchini raspeln und mit Salz und Zucker vermischen. Danach 5 Minuten ziehen lassen.
2. Stärke, Salz und Eier mit einem Schneebesen verrühren.
3. Zucchiniraspeln in ein Haarsieb geben und die Flüssigkeit abtropfen lassen. Die Flüssigkeit kann auch mit der Hand ausgedrückt werden.
4. Frühlingszwiebeln in Ringe schneiden, Zitronenschale abreiben und Saft ausdrücken. Dann Zucchini mit Frühlingszwiebeln, Zitrone und etwas Zitronensaft zur Ei-Mischung geben, pfeffern und vermischen. Jetzt etwas ruhen lassen.
5. Öl in einer Pfanne erhitzen. Bei mittlerer Hitze je 1 EL der Zucchinimasse in die Pfanne geben und von beiden Seiten goldgelb braten.
6. Puffer warm oder kalt genießen!

Schmorgurken-Topf

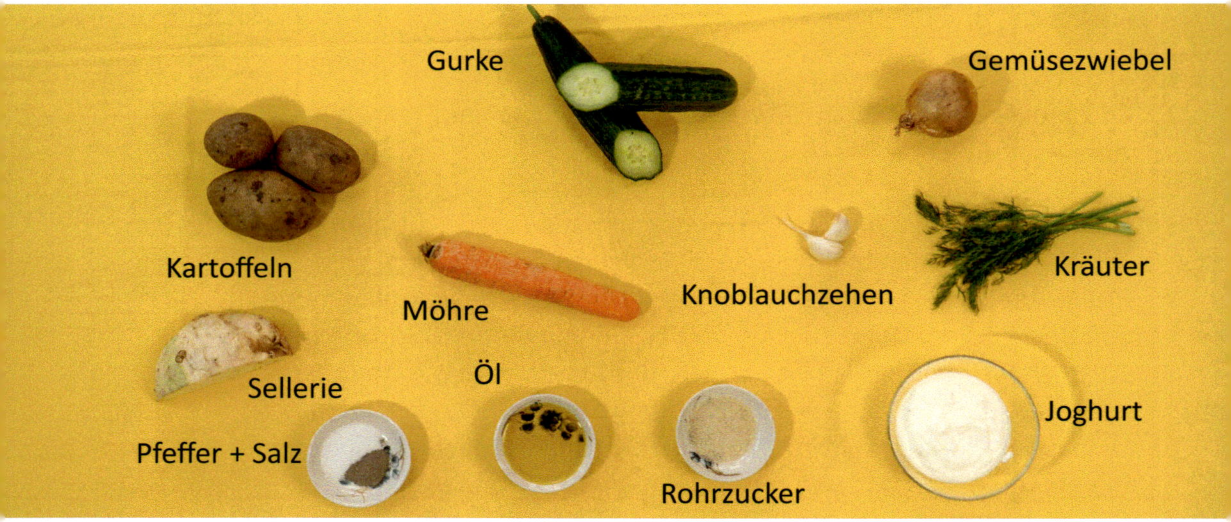

Zutaten (für 3 – 4 Personen)

800 g	**Schmorgurke** oder **Salatgurke**
400 g	**Kartoffeln**
1	**Möhre**
1	**Sellerie**
1	**Gemüsezwiebel**
1–2	**Knoblauchzehen**
3–4 EL	**Pflanzenöl**
150 g	**Joghurt** (3,8 % Fett) oder/und saure Sahne
1	**Kräuter-Bund** (z.B. Dill oder Petersilie
	Pfeffer, **Salz**,
Prise	**Zucker**
200 ml	**Wasser**

Die Löffelfee empfiehlt:

Ein Muss: geröstete Sonnenblumenkerne mit Sojasauce ablöschen (oder z.B. Pinienkerne, Kürbiskerne) als Topping

Zubereitung

1. Schmorgurke schälen, der Länge nach halbieren, Kerne mit einem Löffel entfernen und in 2 cm große Würfel schneiden.
2. Kartoffeln waschen, schälen und in 1 cm große Würfel schneiden.
3. Möhre, Sellerie und die Gemüsezwiebel schälen und in sehr kleine Würfel schneiden.
4. Knoblauch schälen und in Scheiben schneiden.
5. Öl in einem großen Topf erhitzen.
6. Zwiebeln, Knoblauch, Möhre und Sellerie in den Topf geben und 10 min bei kleiner Hitze kurz anrösten.
7. Kartoffeln und Zucker zugeben, kurz mit anrösten.
8. Gurken zugeben, kurz mit anrösten.
9. Wasser zugeben und aufkochen lassen. Kartoffeln und Gurken bissfest kochen. Etwas salzen.
10. Kräuter fein hacken.
11. Joghurt/saure Sahne unterheben und mit den gehackten Kräutern, Pfeffer, Salz und einer Prise Zucker abschmecken.

Kartoffelsalat mit Rapsöldressing

Zutaten (für 3 – 4 Personen)

700 g	**Kartoffeln**, festkochend
1–2	**Gurken**
2 EL	**Dijonsenf**
3 EL	**Apfelessig**
50 ml	**Wasser**
1 TL	**Salz**
1 Prise	**Zucker** (oder andere Süßungsmittel)
80 ml	**Rapsöl**

Die Löffelfee empfiehlt:

Dazu passt Ofengemüse, Gegrilltes, Schnitzel und vieles mehr.

Wer mag, kann die Gurkenkerne statt des Wassers mit ins Dressing pürieren. Gurkenschale anbraten: köstlich

So wird nix weggeworfen.

Zubereitung

1. Kartoffeln waschen und in einem großen Topf ca. 20 Minuten kochen.
2. Gurken schälen, der Länge nach halbieren, Kerne mit einem großen Löffel entfernen und in dünne Scheiben schneiden.
3. Gurken in eine Schüssel geben, Zucker und etwas Salz dazugeben. Mit der Hand leicht durchkneten und 10 Minuten ziehen lassen.
4. In einem Mixbecher Dijonsenf, Apfelessig, Wasser sowie Salz geben und pürieren.
5. Nun das Öl langsam eintröpfeln lassen und dabei weiter pürieren.
6. Dressing abschmecken. Es muss intensiver schmecken, als man es pur essen würde.
7. Kartoffeln pellen, in Scheiben schneiden und zum Dressing geben. Kartoffeln vorsichtig mit dem Dressing verbinden.
8. Gurken zu den Kartoffeln geben und gut vermengen.
9. Salat sollte mindestens 30 Minuten ziehen.

One-Pot-Pasta mit Kürbis

Weiße Bohnen-Eintopf

Orangen-Fenchel-Salat mit dicken Bohnen

Kartoffel-Gulasch

HERBST

One-Pot-Pasta mit Kürbis

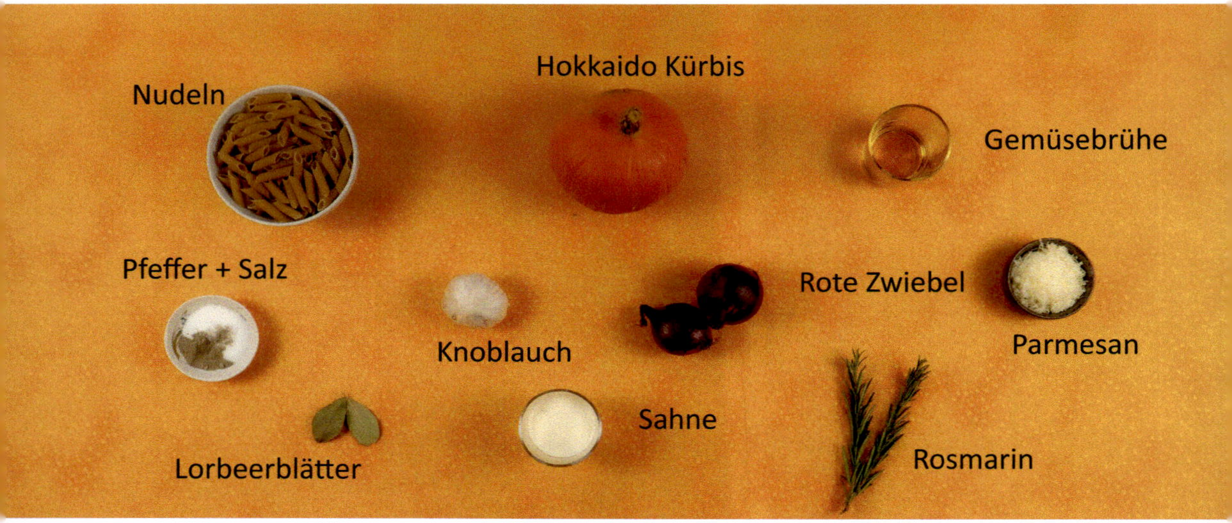

Zutaten (für 3 – 4 Personen)

300 g	**Tagliatelle/Fettuccine/Spirelli**
500 g	**Hokkaido Kürbis**
2	**Rote Zwiebeln**
2	**Knoblauchzehen**
1	**Lorbeerblatt**
6	**Rosmarin-Zweige**
1 l	**Flüssigkeit** z.B. **Gemüsebrühe** (wenn man keine Gemüsebrühe hat, muss man mehr würzen)
40 g	**Parmesan** (reiben)
200 g	**Sahne**/Sahneersatz (Hafercuisine)
	Pfeffer, **Salz**,

Die Löffelfee empfiehlt:

Geröstete Sonnenblumenkerne, Kürbiskerne etc. passen super dazu und runden das Gericht ab.

Zubereitung

1. Den Kürbis waschen, trocken tupfen, entkernen und in 1 cm große Stücke schneiden.
2. Rote Zwiebeln und Knoblauch schälen und fein würfeln.
3. Rosmarin waschen, trocken schütteln, Nadeln abstreifen und, bis auf ein paar zum Bestreuen, fein hacken.
4. Kürbis, Zwiebeln, Knoblauch, Rosmarin und Nudeln in einen Topf geben.
5. Gemüsebrühe und Sahne dazu gießen.
6. Alles aufkochen und unter gelegentlichem Rühren etwa 12–15 Minuten kochen.
7. Topf vom Herd nehmen und den Parmesan unterrühren. Mit Salz und Pfeffer würzen. Restlichen Rosmarin darüber streuen und sofort essen.

Weiße Bohnen-Eintopf

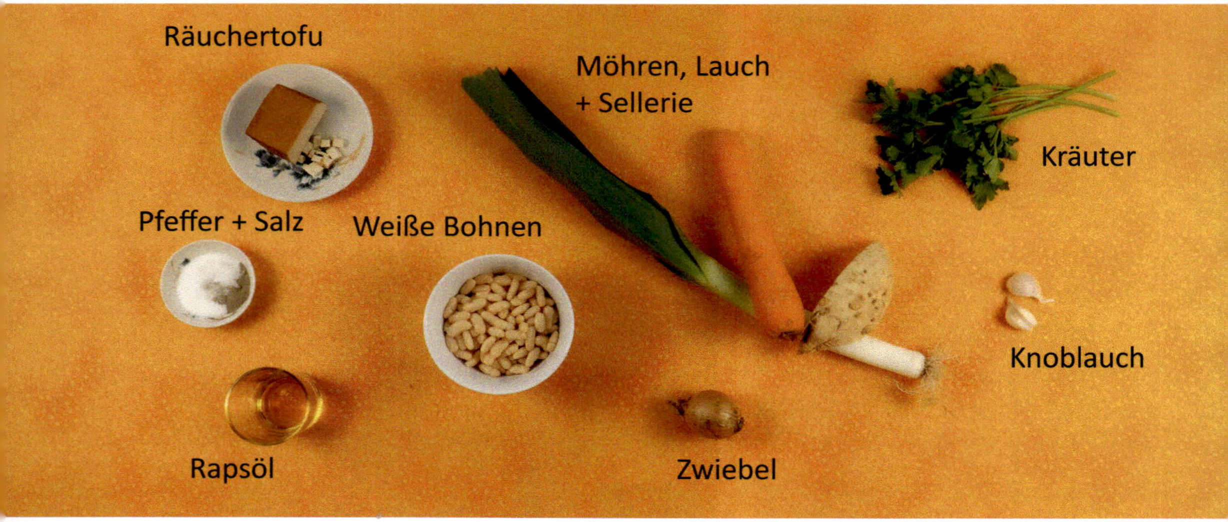

Zutaten (für 3 – 4 Personen)

400 g	**Kartoffeln**
250 g	**Weiße Bohnen** (1 Tag vorher in kaltem Wasser anweichen)
120 g	**Sellerie**
150 g	**Möhren**
1	**Zwiebel**
2	**Knoblauchzehen**
2 EL	**Rapsöl**
1–2 EL	**Zitronensaft**
800 ml	**Wasser**
½ Bund	**Thymian**
4 TL	**Kräuter** (z.B. Petersilie, Kresse, Schnittlauch ...)
175 g	**Räuchertofu**

Die Löffelfee empfiehlt:

Wer keine Zeit hat, kann auch Weiße Bohnen aus der Dose nehmen. Die Bohnen erst kurz vor Ende der Garzeit zu den Kartoffeln geben.

Zubereitung

1. Kartoffeln waschen und in Stücke schneiden.
2. Möhren und Sellerie schälen und in kleine Stücke schneiden. Zwiebel und Knoblauch schälen und in Würfel schneiden.
3. Öl im Topf bei mittlerer Hitze erwärmen. Zwiebeln, Knoblauch, Sellerie- und Möhrenstückchen 10 Minuten andünsten.
4. Kartoffeln und Bohnen hinzufügen. Mit heißem Wasser aufgießen und im geschlossenen Topf 30 Minuten köcheln.
5. Den Räuchertofu in kleine Würfel schneiden. Anschließend in einer Pfanne mit Rapsöl knusprig anbraten.
6. Wenn die Kartoffeln gar sind, den Eintopf mit Pfeffer, Thymian, Salz und Zitrone würzen.
7. Bei Bedarf die Kartoffeln mit einem Stampfer etwas zerdrücken, aber nicht zermatschen.
8. Eintopf mit Räuchertofu sowie frischen Kräutern anrichten.

Orangen-Fenchel-Salat mit dicken Bohnen

Zutaten (für 3 – 4 Personen)

240g	**Weiße Bohnen**
2	**Fenchelknollen**
1	**Apfel** (wer keinen Apfel hat, lässt ihn weg)
1–2	**Orangen**
1	**Zitrone**
30 ml	**Olivenöl**
½ TL	**Agavendicksaft** (oder ½ TL Zucker)
	Salz

Die Löffelfee empfiehlt:

Statt der Orange kann man auch Mango benutzen. Dazu die Mango schälen, Fruchtfleisch vom Kern befreien und püriere.

Statt dicken Bohnen können auch Kichererbsen oder andere Hülsenfrüchte zum Einsatz kommen.

Zubereitung

1. Vom Fenchel die holzigen Teile entfernen und ihn in dünne Streifen schneiden, in eine große Schüssel geben, etwas salzen und mit der Hand gut durchkneten.
2. Eine Zitrone auspressen. Den Saft in die Rührschüssel zum Fenchel geben.
3. Vom Apfel das Gehäuse entfernen und ihn in kleine Würfel schneiden. Die Würfel in die Schüssel mit dem Zitronensaft geben.
4. Die Orangen über einem Teller schälen, den Saft auffangen und die „weißen Fäden“ sorgfältig entfernen. Die Filets in passende Stücke schneiden und zu den Äpfeln in die Schüssel geben. Den Saft der übrig gebliebenen Orangenschale auspressen und in die Schüssel geben.
5. Alles gut durchrühren und 30 Minuten ziehen lassen.
6. Bohnen in ein Sieb geben, unter fließendem Wasser gut abspülen und zum Fenchel-Apfel-Orangen-Mix geben.
7. Das Olivenöl unterrühren und abschmecken.

Kartoffel-Gulasch

Zutaten (für 3 – 4 Personen)

800 g	**Kartoffeln**
1 gr	**Zwiebel**
3	**Knoblauchzehen**
½ Tube	**Tomatenmark**
1	**Lorbeerblatt**
1 TL	**Majoran**
4 EL	**Paprikapulver** (Edelsüß, ggf. ½ TL scharfen Paprika dazu)
1 l	**Wasser**
1	**Zitrone** (Abrieb und Saft)
1 Dose	**Kichererbsen**
80 g	**Sonnenblumenkerne**
4 EL	**Pflanzenöl** (z. B. Rapsöl)
150g	**Schmand** (oder Saure Sahne, Joghurt etc.)

Die Löffelfee empfiehlt:

Zum Gulasch kann jedes Gemüse hinzugefügt werden. Dazu einfach Gemüse kleinschneiden und mit den Kartoffeln (oder etwas später) dazugeben.

Am besten schmeckt das Gulasch, wenn er am Tag zuvor zubereitet wird.

Zubereitung

1. Zwiebel schälen und in Würfel schneiden. Knoblauch schälen und in dünne Scheiben schneiden. 2 EL Öl in einer Pfanne erhitzen und beides goldgelb rösten.
2. Tomatenmark, Lorbeerblatt und Paprikapulver hinzufügen und kurz mit anrösten.
3. Mit Wasser aufgießen. Gut durchrühren und aufkochen lassen. Einige Minuten köcheln lassen, dann pürieren.
4. In der Zwischenzeit die Kartoffeln waschen und in etwa 2 cm große Stücke schneiden. Anschließend in einer Pfanne mit Majoran bei hoher Temperatur kurz knusprig anbraten.
5. Gebratene Kartoffeln in die Sauce geben und aufkochen. Zugedeckt mindestens 30 Minuten kochen, bis die Kartoffeln weich sind und die Soße dickflüssiger ist.
6. Sonnenblumenkerne in einer Pfanne ohne Fett bei kleiner Temperatur leicht anrösten, dabei immer wieder schwenken.
7. Kichererbsen zum Kartoffelgulasch geben und erhitzen.
8. Mit Zitronenschale und -saft würzen. Dann mit Pfeffer und Salz abschmecken.
9. Kartoffelgulasch auf Tellern anrichten und mit einem Teelöffel Schmand und Sonnenblumenkernen genießen.

Chinakohl-Salat

Rote Bete-Perlgraupen-Risotto

Kartoffel-Sauerkraut-Eintopf

Grünkohl-Curry

WINTER

Chinakohl-Salat

Zutaten (für 3 – 4 Personen)

1	**Chinakohlsalat** (wenn er zu groß ist, verwendet man die Hälfte - hält im Kühlschrank ein paar Tage)
½ TL	**Thymian** (getrocknet)
3 EL	**Essig** (Tafel-, Kräuter-, Apfel-, etc.)
2–3 EL	**Pflanzenöl** (neutrales)
1 Prise	**Zucker**
	Pfeffer, **Salz**

Die Löffelfee empfiehlt:

Verfeinere den Kohl mit Orangensaft und Orangenfilets. Geraspelter Apfel macht den Salat zusätzlich frisch.

Wer mag, kann zum Dressing auch etwas Joghurt oder saure Sahne zufügen.

Passt zu warmen Speisen oder kaltem Abendbrot. Gehackte Kräuter machen den Salat lebendiger (Schnittlauch, Petersilie etc.)

Zubereitung

1. Chinakohl der Länge nach halbieren und in feine Streifen schneiden.
2. Streifen in eine Schüssel geben.
3. Eine große Prise Salz einstreuen und mit der Hand kurz durchkneten.
4. Essig, Zucker, Pfeffer, Thymian und eventuell etwas mehr Salz zugeben. Abschmecken.
5. Zum Schluss Öl zufügen und genießen.

Rote Bete-Perlgraupen-Risotto

Zutaten (für 3 – 4 Personen)

250 g	**Perlgraupen** (Vollkornreis, Hafer, Gerste etc.)
2	**Knoblauchzehen**
2–3	**Frühlingszwiebeln**
1 Bund	**Suppengrün** (Sellerie, Möhre, Lauch, ggf. Petersilienwurzel)
2 EL	**Olivenöl**
1	**Zitrone** (Abrieb und Saft)
2–3	**Rote Bete-Knollen**
60 g	**Parmesan** (fein reiben)
700 ml	**Wasser**
	Pfeffer, **Salz**

Die Löffelfee empfiehlt:

Wer mag kann anstatt
des Wassers aus Punkt 4. auch
150 ml Wein zum Risotto geben.
Achtung: Für Kinder nicht geeignet.
ODER
Anstatt des Wassers aus Punkt 4, 200 ml
Rote-Bete-Saft für mehr Intensität.

Wer noch Kartoffeln verbrauchen muss,
kann diese hier gut verarbeiten.
Ofengemüse, Omelette, gebratene
Pilze etc. passen gut.

Zubereitung

1. Frühlingszwiebeln waschen und in kleine Ringe schneiden. Knoblauch in dünne Scheiben schneiden. Nun Öl in einem Topf erhitzen und beides bei mittlerer Hitze glasig dünsten.
2. Suppengrün waschen und in kleine Würfel schneiden. Rote Bete schälen und in etwa 1 cm große Würfel schneiden. Danach beides mit in den Topf geben und weitere 8 Minuten dünsten.
3. Hitze verringern, Perlgraupen hinzugeben und ebenfalls kurz andünsten.
4. Zitrone waschen, abreiben und Saft auspressen. Nun etwa 150 ml Wasser sowie den Zitronensaft zugießen und unter Rühren fast vollständig einkochen lassen.
5. Wieder etwas Wasser zugießen und unter Rühren weiter köcheln lassen bis die Perlgraupen das Wasser aufgenommen haben.
6. So weitermachen bis die Perlgraupen gar sind (ca. 30 Minuten).
7. Etwas Öl und geriebenen Parmesan unter das Risotto mischen. Dann mit Salz und Pfeffer abschmecken.

Kartoffel-Sauerkraut-Eintopf

Zutaten (für 3 – 4 Personen)

500 g	**Kartoffeln** (mehlig kochend)
400 g	**Sauerkraut**
300 g	**Wurzelgemüse** (Möhre, Pastinake, Sellerie)
1	**Zwiebel**
3	**Knoblauchzehen**
800 ml	**Wasser**
2–3	**Lorbeerblätter**
	Salz, Pfeffer
1	**Zitrone**
5–6 EL	**Öl** (nach Geschmack, z. B. Rapsöl)
3 EL	**Senf**
1 TL	**Zucker** (oder anderes Süßungsmittel)

Die Löffelfee empfiehlt:

In einer Pfanne 2–3 El Öl erhitzen und Räuchertofu-Würfelchen kross anbraten. Leicht salzen. Suppe mit dem Räucher-Tofu garnieren.

Geröstete Kerne (Sonnenblumen-, oder Kürbiskerne) passen sehr gut als Knusperanteil.

Zubereitung

1. Kartoffeln gründlich waschen und in Stücke schneiden.
2. Wurzelgemüse schälen und in sehr feine, gleichmäßige Würfel schneiden.
3. Zwiebel und Knoblauch schälen und in Würfel schneiden.
4. In einem Topf 2–3 EL des Öls erhitzen und die Gemüsewürfel mit der Zwiebel und dem Knoblauch bei kleiner Hitze anrösten.
5. Nach 10 Minuten die Kartoffeln, Wasser und Lorbeerblätter zugeben und weitere 10–15 Minuten köcheln lassen.
6. Sauerkraut hinzugeben und aufkochen.
7. Mit Senf, Pfeffer, Salz, Zucker und einem Spritzer Zitronensaft würzen und abschmecken.
8. Wer einen Kartoffelstamper besitzt, kann die Suppe noch leicht zerstampfen oder leicht mit einem Pürierstab anpürieren.

Grünkohl-Curry

Zutaten (für 3 – 4 Personen)

1 kg	**Grünkohl** (oder eine große Dose Grünkohl - gut abspülen)
6–8	**Frühlingszwiebeln**
5	**Knoblauchzehen**
3–4	**Süßkartoffeln**
2 EL	**Rapsöl** (wahlweise Butter, ca. 80 g)
80 g	**Ingwer**
400 g	**Kokosmilch**
1 EL	**Currypulver**
	Sojasauce
1	**Zitrone**

Die Löffelfee empfiehlt:

1x Räuchertofu in kleine Würfel schneiden und in 2 EL Rapsöl kross anbraten.

Dazu bereits gekochtem und in einer Pfanne knusprig gebratenem Buchweizen essen.

Die Süßkartoffeln gerne mal durch Kartoffeln oder Kürbis ersetzen.

Weiße Bohnen (Dose) oder rote Linsen (Kochzeit 10–15 Min.) bringen gutes Eiweiß.

Zubereitung

1. Salzwasser in einem großen Topf zum Kochen bringen und Grünkohlblätter ca. 10 Minuten bissfest kochen. Durch ein Sieb gießen und mit kaltem Wasser abschrecken. Wasser aus dem Grünkohl drücken und grob hacken.
2. Knoblauch in dünne Scheiben schneiden, Frühlingszwiebeln in Ringe schneiden und Ingwer fein hacken. Süßkartoffeln schälen und in kleine Stückchen schneiden.
3. Öl im Topf bei mittlerer Hitze erwärmen und Knoblauch, Frühlingszwiebeln sowie Ingwer anrösten.
4. Wer möchte, kann jetzt 1 EL braunen Zucker einstreuen und karamellisieren lassen.
5. Currypulver hinzufügen und unter ständigem Rühren gleichmäßig verteilen und anschwitzen.
6. Den Curry-Ansatz mit Soja-Sauce ablöschen und mit der Kokosmilch aufgießen. Nun 10 Min. leicht köcheln lassen bis es dickflüssig ist. Danach salzen und nach Geschmack Zitronensaft hinzugeben.
7. Jetzt Süßkartoffeln und Grünkohl hinzugeben. Aufkochen und etwa 15 Minuten kochen lassen, bis die Süßkartoffel bissfest weich ist. Immer wieder umrühren und abschmecken. Dann genießen!

Frischkäse-Dattel-Dip

Möhren-Tomaten-Aufstrich

Kürbis-Dip

Rote Bete-Aufstrich

Frischkäse-Dattel-Dip

Die **Löffelfee** empfiehlt:

Passt zu:
Dinkelbaguette oder anderen Brotsorten, Pellkartoffeln, Gebratenem (wie z.B. Kürbis), Ofengemüse, Räuchertofu, gebratenem Fleisch

Zutaten (für 3 – 4 Personen)

200 g	**Frischkäse**
100 g	**Creme fraîche** (kann durch Saure Sahne, Joghurt etc. ersetzt werden)
3–6	**Frühlingszwiebeln**
100 g	**getrocknete Datteln**
	Salz (nach Geschmack)

Zubereitung

1. Frühlingszwiebeln in feine Ringe und Datteln in kleine Stücke schneiden.
2. Alle Zutaten in einer Schüssel verrühren.
3. Dip ca. 20–30 Minuten gut durchziehen lassen
4. Wenn nötig mit etwas Salz abschmecken.

Möhren-Tomaten-Aufstrich DIPS

Zutaten (für 3 – 4 Personen)

4	**Möhren**
1	**Zwiebel**
3–4 EL	**Tomatenmark**
½	**Zitrone** (Abrieb und Saft)
50 ml	**Rapsöl**
½ TL	**Agavendicksaft** (oder andere Süßungsmittel
	Salz
1 TL	**Curry-Pulver** (mild)

Zubereitung

1. Zwiebel schälen und in Würfel schneiden
2. In einem Topf Zwiebel in etwas Öl dünsten.
3. Curry-Pulver und Tomatenmark zufügen und kurz anrösten.
4. Geschälte und geraspelte Möhren zufügen, kräftig durchrühren.
5. Etwa 50–100 ml Wasser zufügen und die Möhren weichkochen.
6. Mit Zitrone, Agavendicksaft und etwas Salz abschmecken.
7. Mit einem Pürierstab fein pürieren.

Die Löffelfee empfiehlt:

Passt zu:
Frischem Dinkelbaguette oder zu Pellkartoffeln. Wer es cremiger mag, kann noch einen Esslöffel Frischkäse unterrühren

Kürbis-Dip

Zutaten (für 3 – 4 Personen)

400 g **Kürbisfleisch** (z. B. Hokkaido, Butternut)
1 Dose **Weiße Bohnen**
1 große **Frühlingszwiebel**
Ca. 6 EL **Öl** (z. B. Rapsöl, Olivenöl)
2–3 **Knoblauchzehen**
Frische Kräuter (z. B. Basilikum, Petersilie)
Salz, **Pfeffer**
Zitrone

Zubereitung

1. Backofen auf 200 °C Umluft vorheizen und Backblech mit Backpapier belegen.
2. Kürbis entkernen und in ca. 2 cm große Würfel schneiden.
3. Kürbis und geschälte Knoblauchzehen auf das Blech geben und mit 2–3 EL Öl vermischen, salzen und pfeffern.
4. Im Ofen 20–30 Minuten weich backen.
5. Anschließend kurz abkühlen lassen.
6. Abgegossene Bohnen mit dem Kürbis und dem übrigen Öl fein pürieren.
7. Frühlingszwiebeln in Ringe schneiden und unter das Püree mischen. Mit Salz, Pfeffer und ggf. 1 Spritzer Zitrone abschmecken.
8. Mit gehackten Kräutern bestreuen und servieren.

Rote-Bete-Aufstrich

Zutaten (für 3 – 4 Personen)

2–3	**Rote Bete-Knollen** (schälen, raspeln; für Babies gekochte Rote Bete verwenden)
100 g	**Sonnenblumenkerne** (50 g der Kerne in warmem Wasser ½ h einweichen; 50 g der Kerne ohne Fett in einer Pfanne rösten.
1–3 TL	**Meerrettich** (für Babies sehr wenig verwenden)
½	**Zitrone** (Abrieb und Saft)
	Rapsöl (nach Gschmack)
	Salz

Zubereitung

1. Rote Bete schälen und raspeln. Mit den Kernen in ein hohes Gefäß geben und sehr fein pürieren.
2. Alle restlichen Zutaten hinzufügen, abschmecken und genießen.

Die Löffelfee empfiehlt:

Passt zu:
frischem Dinkelbaguette oder zu Pellkartoffeln. Wer es cremiger mag, kann noch einen Esslöffel Frischkäse unterrühren

Dünner Eierkuchen

Orangen-Grieß

Rhabarber-Crumble

Apple-Crumble

Schwedische Haferkekse

Haselnuss-Schoko-Creme

DESSERTS

Dünner Eierkuchen

Zubereitung

1. Eier, Milch und Salz in eine Schüssel geben und verrühren.
2. Mehl einrühren, so lange bis keine Klümpchen mehr zu sehen sind.
3. 20 Minuten ruhen lassen.
4. Etwas Butter in einer beschichteten Pfanne schmelzen.
5. Eine Schöpfkelle mit Teig gleichmäßig in der Pfanne verteilen.
6. Wenn der Teig überall dunkler geworden ist, den Pfannkuchen wenden und für 1 Minute weiter braten.

Zutaten (für 3 – 4 Personen)

2	**Eier**
300 ml	**Milch**
170 g	**Mehl**
1 Prise	**Salz**
1–2 EL	**Butter** zum Ausbacken

Orangen-Grieß

Die Löffelfee empfiehlt:

Dazu passt:
selbst gemachte Vanillesauce, geschlagene Sahne, eine Kugel Eis. Orange kann durch viele andere Saftsorten ersetzt werden

Zutaten (für 3 – 4 Personen)

500 ml	**Orangensaft** (Direktsaft; Blutorange schmeckt auch)
80 g	**Weizen-** oder **Dinkelgrieß**

Wer mag

½ TL	**Zimt** oder 1 Zimtstange
1	**Sternanis-Blüte** (getrocknet)
3 EL	**Sahne**

Zubereitung

1. Orangensaft in einen Topf geben.
2. Gewürze einlegen, bei mittlerer Hitze erwärmen.
3. Grieß einrühren, aufkochen und vom Herd nehmen.
4. Abkühlen lassen.
5. Wer mag, kann noch Sahne hinzugeben.
6. Orangen-Grieß in kleine Schalen füllen und mit Zimt bestreuen.

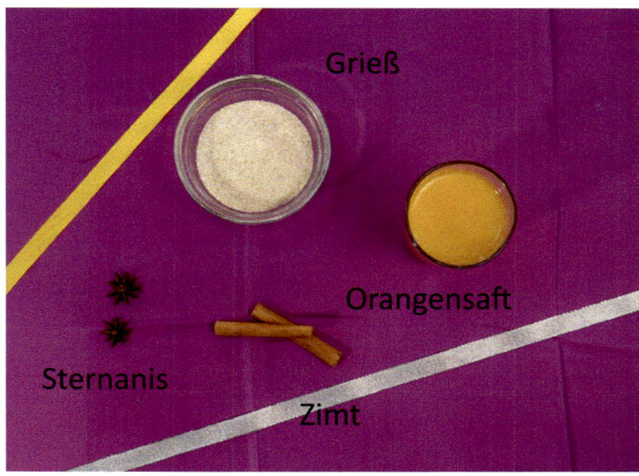

Schwedische Haferkekse

Die **Löffelfee** empfiehlt:

Bananen können durch 120 g Rohrzucker ersetzt werden. Dann werden die Kekse knuspriger. Gehackte Schokolade (50 g) mit in den Teig geben

Zutaten (für 3 – 4 Personen)

125 g **Butter** (weich)
2 **Bananen**
2 TL **Bourbon-Vanillezucker**
1 Prise **Meersalz**
1 **Ei**
75 g **Mandeln** (gemahlen)
100 g **Haferflocken** (fein)
75 g **Weizenmehl** Type 550 oder Dinkelmehl (Vollkornmehl geht auch)
1 TL **Weinstein-Backpulver**

Zubereitung

1. Butter schaumig rühren.
2. Die Bananen auf einem Teller mit einer Gabel fein zerquetschen und dazugeben.
3. Dann Vanillezucker, Salz und Ei unterrühren.
4. Mandeln, Haferflocken, Mehl und Backpulver mischen und nach und nach unter die Buttermasse mischen.
5. Backofen auf 190° C vorheizen.
6. Kleine Häufchen auf das mit Backpapier belegte Backblech setzen.
8. Ca. 10 Minuten goldgelb backen.

Haselnuss-Schoko-Creme

Zutaten (für 3 – 4 Personen)

120 g	**Datteln** (getrocknet)
3 EL	**Kakaopulver** (entölt)
4 EL	**Haselnussmus** (ohne Zusätze)

Zubereitung

1. Datteln in kleine Stücke schneiden, in einen Mixbecher geben.
2. Mit ca. 50 ml heißem Wasser übergießen. 5 Minuten weichen lassen.
3. Kakao und Haselnussmus zu den Datteln in den Mixbecher geben. Alle Zutaten gut vermixen.
4. Wenn die Masse zu fest ist, heißes Wasser oder Pflanzenöl hinzugeben.

Die Löffelfee empfiehlt:

Haselnussmus kann durch anderes 100% Nussmus ausgetauscht werden. Wer mag kann einen EL Sahne zugeben. Dann wird die Creme noch cremiger.

Rhababer-Crumble

Zutaten (für 3 – 4 Personen)

80 g **Vollkorn-Mehl**
80 g **Mandeln** (gemahlen)
80 g **Rohrzucker**
100 g **Butter**
500 g **Rhabarber**
50 g **Rohrzucker**
1 TL **Vanille** (etwa 1/2 Schote)
Butter (für die Form)

Zubereitung

1. Backofen auf 180 °C vorheizen.
2. Den Rhabarber waschen, in etwa 1 cm große Stücke schneiden und mit Rohrzucker und Vanille mischen.
3. Das Mehl mit Mandeln, Zucker und einer Prise Salz mischen.
4. Die Butter in kleine Stücke schneiden und zum Mehlgemisch geben.
5. Alles mit den Händen kneten und zu Streuseln verarbeiten.
6. Auflaufform mit Butter einfetten, den Rhabarber darin verteilen und die Streusel darüber streuen.
7. In den vorgeheizten Backofen stellen und bei 180 °C ca. 20–30 Minuten backen.

Die Löffelfee empfiehlt:

Rhabarber-Tipp
Himbeer-Rhabarber ist sehr intensiv und man muss ihn NICHT schälen.

Dinkelbaguette

EXTRA-TIPP

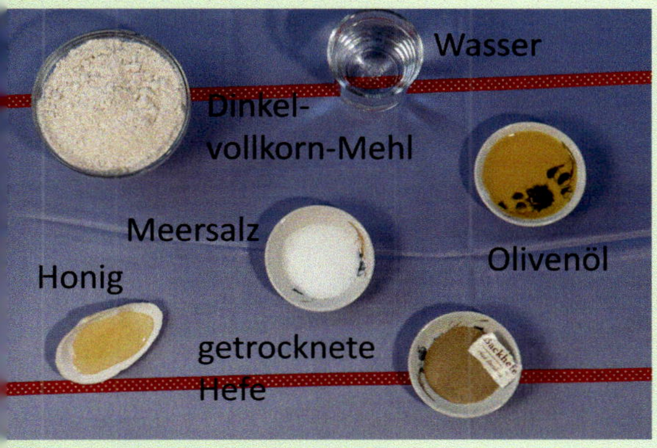

Zutaten (für 2 Baguettes)

500 g **Dinkelvollkorn-Mehl**
1-2 TL **Meersalz**
300 ml **lauwarmes Wasser**
4 EL **Olivenöl**
1 Tüte **Hefe** (getrocknet)
1 TL **Honig** (etwa 1/2 Schote)

Zubereitung

1. Alle trockenen Zutaten in eine Schüssel geben – Mehl, Hefe, Salz – und vermischen.
2. Danach Öl, Honig und Wasser zufügen.
3. Aus allen Zutaten einen Teig kneten. Der Teig sollte nicht trocken sein, aber auch nicht kleben.
4. Teig halbieren. Jeweils nochmal durchkneten. 2 Baguettes formen. Auf ein mit Backpapier ausgelegtes Backblech legen.
5. Geformte Baguettes mit einem Messer schräg mehrmals tief einschneiden.
6. Baguettes in den kalten Backofen schieben.
7. Backofen auf 200 °C (Umluft) einschalten.
8. Baguette ca. 30–40 Minuten darin backen, herausholen und auf einem Gitter abkühlen lassen. Sofort servieren.

Unser Vorrat. Organisation ist alles!

Ordnung für das tägliche Kochvergnügen mit der Familie

Kochen und Spaß haben. Ihr könnt tolle Gerichte zaubern. Einige Zutaten habt ihr immer zu Hause.

Hier unsere Ideen:

Fette/Öle *2 davon*	**Fruchtig/ sauer** *1-2 davon*	**Fruchtig süß/herb** *3 davon*	**Würzig/ scharf** *2 davon*	**Süßes** *1 davon*	**Körner/ Pasta** *2 davon*	**Wurzeln/ Knollen** *2 davon*	**Gewürze** *nach Belieben*
Olivenöl kaltgepresst	Zitrone (frisch o. in Flaschen)	Tomaten/ Dose	Senf (Dijonsenf)	Honig	Quinoa	Zwiebeln	Thymian/ Oregano
Rapsöl kaltgepresst	Apfelessig	Kicher-erbsen/ Weiße Bohnen	schwarzer Pfeffer	Zucker/ Rohrzucker	Buchweizen	Knoblauch	Paprika edelsüß/ rosenscharf
Rapsöl raffiniert	Balsamico hell/dunkel	Dunkle Schokolade (70% Kakao)	Cayenne-Pfeffer/ Chilli	Ahornsirup/ Agavendick-saft	Reis/ Vollkornreis	Möhren	Lorbeer
Sonnen-blumenöl raffiniert		Rote-Bete-Saft	Sojasauce	Puder-zucker	(Vollkorn-) Nudeln	Kartoffeln	Muskat-nuss
Butter/un-gehärtete Margarine		Passierte Tomaten			Hülsen-früchte		Kümmel
Kokosmilch		Tomaten-mark			(Vollkorn-) Mehl		Kurkuma
					Kerne (Sonnen-blumen-, Kürbis-, Pinien-kerne) **Nüsse (Hasel-, Walnüsse, Mandeln)**		

Extra:

- Nuss-/Mandel-Mus gut für Babys
- Parmesankäse und Eier sind auch gut haltbar und eignen sich für einige Gerichte

Ein Rezept ist nur eine Idee. Seid mutig. Tauscht Zutaten aus. Die Zutaten bestimmen das Rezept (siehe Tabelle).

Ein Beispiel:

Viele Pesto-Saucen sind mit Pinienkernen gemacht. Aber Pinienkerne sind sehr teuer. Also ersetzt sie durch andere Kerne. Zum Beispiel durch: geröstete Sonnenblumenkerne, Kürbiskerne, Haselnüsse oder Walnüsse. Macht euer eigenes Pesto. Nehmt Zutaten, die euch schmecken und die ihr zu Hause habt.
Am Anfang macht ihr Pesto nach Rezept. Dann wisst ihr, wie es geht und macht es später nach eurem Geschmack.

Vorbereitung und kochen nach Plan

1. Alle Zutaten und Arbeitsmaterialien an den richtigen Ort stellen.
2. Alle Zutaten waschen, schälen, klein schneiden.
3. Alle benutzten Arbeitsmaterialien abwaschen und wegräumen.
4. Zubereitung der Speise(n).
5. Fertigstellung der Speisen. Abschmecken ist wichtig.
6. Fertiges Essen auf Teller legen und essen.

Die Vorbereitung kann 15 Minuten dauern oder mehrere Stunden. Der Ablauf ist aber immer gleich.

Familienküche funktioniert sehr gut, wenn wir organisiert und mutig sind. Zutaten in Anlehnung an vorhandene Rezepte neu zu komponieren macht Spaß, probiert es aus!

Euer Team von „Familie Köstlich“

Ab wann bekommt mein Baby Brei?

Besonders im ersten Lebensjahr findet eine rasante Entwicklung statt. Daher ist spätestens ab dem 7. Monat eine reine Milchkost (gestillt oder Flasche) häufig nicht mehr ausreichend. Der genaue Zeitpunkt ist von Kind zu Kind sehr unterschiedlich. Es kann vom Entwicklungsstand, seinem Wachstum oder seiner Bereitschaft sich von der Brust oder der Flasche zu trennen, abhängen. Es gibt auch Kinder, die ein Jahr nur gestillt werden und dann gleich feste Nahrung essen. Wichtig: Die Mutter muss besonders auf sich und eine gute, ausgeglichene Ernährung achten. Was ja für die gesamte Stillzeit gilt, dann aber noch mehr. Diese Zeit fordert dann viel vom mütterlichen Körper.

Dagmar Melzer (*DieLöffelfee*) & Kerstin Heins (Leitung FaNeWa) machen sicherlich nicht ihren ersten Brei.

Wie erkenne ich, dass mein Baby reif ist für die Beikost?

Mein Baby...
- hat starkes Interesse an anderer Nahrung – z.B. an der der Eltern
- kann seinen Kopf aufrecht und stabil halten, wenn es im Sitzen gestützt wird
- ist bereit zu kauen
- kann selbstständig Lebensmittel (z.B. gekochte Gemüse-Sticks) aufnehmen und in den Mund stecken
- will häufiger gestillt werden
- drückt bei Berührung mit dem Löffel nicht mehr die Zunge heraus

Wichtig:
- **Dein Baby sollte sitzen können.**
- **Niemals im Liegen Nahrung reichen und essen!**

Wie fange ich an mit der Beikost?

Geh es auf jeden Fall langsam an. Ersetze Monat für Monat eine Milchmahlzeit nach der anderen durch Brei. Zum Beispiel:

→ zuerst Einführung des Mittagsbreis
→ einen Monat später Einführung des Abendbreis
→ einen weiteren Monat später Einführung des Nachmittagsbreis

Der erste Brei sollte Zutat für Zutat aufgebaut werden: Zuerst nur Gemüsebrei. Am Anfang 2–4 Löffelchen, nach ca. 1 Woche kommt Kartoffel dazu. Vielleicht isst Dein Baby jetzt schon mehr als 2–4 Löffel. Wenn das gut klappt, kommen die restlichen Zutaten wie z. B. Fleisch oder Mandelmus, 1 EL Öl und 1 EL Apfel- oder Orangensaft dazu. Nun kann das Baby alle 3 bis 4 Tage eine neue Variation (z. B.neues Gemüse) gefüttert bekommen. Möhrenbrei ist häufig der erste Brei, weil die Möhre von Natur aus viel Süße hat – Muttermilch ist ja auch süß. Auch Pastinake, Kürbis und Süßkartoffeln sind sehr gute Starter.

Der Speiseplan meines Babys besteht dann aus 4 Mahlzeiten:

morgens: Muttermilch/Fertigmilch
mittags: Gemüse-Kartoffel-(Fleisch)-Brei
nachmittags: Getreide-Obst-Brei
abends: Milch-Getreide-Brei

Die meisten Babies kommen mit diesen 4 Mahlzeiten aus. Verlangt dein Baby nach mehr, kannst Du zum Beispiel einen Getreide-Obst-Brei nach dem ersten Frühstück zufüttern. Zwischendurch immer ein Getränk (Wasser) anbieten. Eine abendliche Milchflasche vor dem Schlafengehen oder Einschlafen ist nicht nötig. Oder der Abendbrei ist ein Getreide-Obst-Brei und anschließend wird gestillt.

Aller Anfang ist schwer – was, wenn mein Baby den Brei nicht essen will? Die Umstellung vom Saugen und Nuckeln an der Brust und Flasche auf das Essen vom Löffel ist nicht einfach und ein großer Lernprozess für dein Baby. Schiebt dein Baby seinen Brei mit der Zunge aus dem Mund, tut es das nicht, weil es den Brei nicht mag. Es muss erst lernen, feste Nahrung mit seinen Lippen und der Zunge aufzunehmen, zu transportieren und herunterzuschlucken. Weint und quengelt dein Baby nach wenigen Löffeln und will nicht mehr „sitzen", wird es wahrscheinlich nicht schnell genug satt. Oder es meldet sich ein Stuhlgang an. Babys, die noch nicht alleine sitzen können, sollten auf dem Schoss in einer „Sitz-Liege-Position" gefüttert werden.

In den ersten Jahren wird ein Kind während des Essens immer beaufsichtigt. Das bedeutet, dass man das Kind während des Essens immer im Blick hat. Ein eventuelles Verschlucken wird so auf jeden Fall rechtzeitig bemerkt. Gebt euren Kindern die Chance, das Essen zu lernen. Sie zu schützen und dafür wichtige Lebensmittel wie z. B. Apfel nicht anzubieten, ist nicht zielführend. Ein Kind verschluckt sich auch mal. Das gehört zum Lernprozess. Deshalb immer beim Essen begleiten. Wir wünschen viel Freude beim Beobachten dieser großen Lernfortschritte deines Kindes.

Hilfsmittel:

- Pürierstab, vielleicht ein Zerkleinerer, Waage
- ggf. einen Erwärmer, es geht aber auch im Wasserbad

Tipps:

• Trinkgefäß am Anfang bis zum Rand befüllen, damit die Oberlippe deines Babys gleich befeuchtet ist und seinen Mund automatisch mit einer Reflexbewegung öffnet
• Getränke nur aus einem Becher (Anfangs mit Schnabel), Tasse oder Glas (bitte dick genug – Zerbeißgefahr!) servieren! Geduld und Zeit sind hier lohnend.
• ca. 200 ml Getränk ab dem 3. Brei, insgesamt ca. 700–800 ml Flüssigkeit pro Tag.

Nützliche Internetseiten

www.dieloeffelfee.de
https://www.wir-essen-gesund.de
https://missbroccoli.com/ernaehrung-eisenquellen/
http://www.baby-und-familie.de/beikost
https://breifreibaby.de/14-tipps-zum-beikoststart/
https://babyled-weaning.de/

Viel Spaß beim Ausprobieren wünscht
Euch das Team von Familie Köstlich!

FAMILIE KÖSTLICH

2. überarbeitete Auflage 2023

Schloßstraße 44, 22041 Hamburg
www.aladin-hamburg.de
Herausgebende: Barbara Standke-Erdmann & Volker Rath
in Kooperation mit
©FaNeWa Familiennetzwerk Wandsbek
www.familiennetzwerk-wandsbek.net
Leitung: Kerstin Heins

Autorinnen: Dagmar Melzer (kontakt@dieloeffelfee.de) & Kerstin Heins
Umschlag: Silke Rath & Maike Hauschildt
Layout und Satz: Silke Rath
Fotografie und Fotogestaltung: Jonah Gontram & Dagmar Melzer
Lektorat & Korrektorat: Maike Hauschildt, Annika Becker, Leah Salomon & Hendrik van Kempen
Projektentwicklung: Hendrik van Kempen

Unterstützende: Annika Becker, Leah Salomon, Denise Kochskämper-Holzhausen, Katharina Rickert, Moira Milz & Patrick Pforrer
Graffitikünstler: Markus Brinkop (markusbrinkop@gmail.com)

Druckerei: TOTEM.COM.PL SPÓŁKA Z OGRANICZONĄ ODPOWIEDZIALNOŚCIĄ SPÓŁKA KOMANDYTOWA ul. Jacewska 89, 88-100 Inowrocław, Polnisch, REGON 091187826, NIP PL5561007611, KRS 0000496427

An dieser Stelle möchten wir allen Beteiligten großen Dank aussprechen, die an der Entstehung dieses Buches mitgewirkt haben. Ohne Euch wäre das nicht möglich gewesen!

Printed in Poland
ISBN 978-3-9825432-0-8

FaNeWa & Familienteam

EIN ANGEBOT VON

aladin Wir helfen Kindern